Vorwort

Der Sommer ist erwacht, die Früchte blühen und reifen, die Früchte wachsen. Da steigt natürlich die Lust auf erfrischende Getränke und verschiedene fruchtige Leckereien.
Mit dem Thermomix TM5 und auch alle anderen Thermomix Geräte ist alles schnell und einfach zubereitet.

Ich wünsche Ihnen viel Spaß bei der Zubereitung der sommerlichen Leckereien.

Inhaltsangabe

Vorwort

Eis
Pralinen Eiscreme
Waffel Creme Eis
Pfirsich Traum
Darjeeling Tee Eis
Johannisbeere Mascarpone Eis
Heidelbeere Quark Eis
Zitronen Pfefferminz Eis
Pistazien Eis
Waldbeere Buttermilch Eis
Schoko Mint Eis
Veganes Mandel Eis
Stracciatella Eis
Pistazien weiße Schokoladen Eis
Mango Sorbet
Vanille Sahne Traum
Himbeere Quark Verführung
Bananen Softeis
Malaga Eis
Erdbeere Buttermilch Eis
Brombeere Sahne Eis

Limonaden
Erdbeer Weintrauben Limonade
Coole Beeren Limonade
Kirsch Chili Limonade
Zitronen Ingwer Marmelade
Himbeer Limonade
Holunderlimonade
Indianische Ingwerlimonade
Apfel Bananen Limonade
Erdbeer Pfeffer Limonade
Blaubeere Zimt Pfeffer Limonade
Minze Limonade
Brombeere Limonade
Orangen Kirsche Limonade
Blaubeere Limonade

Sommergetränke
Ananasbowle
Erdbeere Bananen Bowle
Karotten Orangen Drink
Gurken Pfefferminz Drink
Bananen Pfirsich Drink
Melonen Limetten Drink

Sorbets
Melonen Sorbet
Erdbeer Himbeer Sorbet
Grapefruitsorbet
Rote Johannisbeere Sorbet
Orangen Sorbet

Nachtrag zum Impressum / Copyright

Pralinen Eiscreme

Zutaten
100 g Pralinen nach Wahl
(2 Stunden ins Gefrierfach geben)
400 g Milch, gefroren
200 g Sahne
80 g Zucker
1 EL Rum

Zubereitung
Alle Zutaten in den Mixtopf geben. Auf Stufe 10 / 1 Minute zerkleinern. Mit dem Spatel nochmals alles nach unten schieben und weitere 30 Sekunden / Stufe 10. Das Eis kann sofort serviert werden.

Waffel Creme Eis

Zutaten
50 g Butter, gefroren
1 Pck. Vanillezucker
1 Fläschchen Vanille Backöl
200 g Sahne, gefroren
100 g Quark, gefroren
200 g Milch
1 Prise Zimt
150 g Zucker

Zubereitung
Alle Zutaten in den Mixtopf geben. Auf Stufe 10 / 1 Minute zerkleinern. Mit dem Spatel nochmals alles nach unten schieben und weitere 30 Sekunden / Stufe 10.
Das Eis kann sofort serviert werden.

Pfirsich Traum

Zutaten
300 g Pfirsiche, gefroren
300 g Sahne, gefroren
200 g Orangensaft
120 g Zucker

Zubereitung
Alle Zutaten in den Mixtopf geben. Auf Stufe 10 / 1 Minute zerkleinern. Mit dem Spatel nochmals alles nach unten schieben und weitere 30 Sekunden / Stufe 10.
Guten Appetit!

Darjeeling Tee Eis

Zutaten
200 g Sahne. Gefroren
500 g Milch, gefroren
200 g starker Darjeeling, gekühlt
100 g Honig
1 EL Zitronensaft
80 g Zucker

Zubereitung
Alle Zutaten außer der Schokolade in den Mixtopf geben. Auf Stufe 10 / 1 Minute zerkleinern. Mit dem Spatel nochmals alles nach unten schieben und weitere 30 Sekunden / Stufe 10. Nun die Schokolade hinzugeben und 6 Sekunden / Stufe 5.
Das Eis kann sofort serviert werden.

Johannisbeere Mascarpone Eis

Zutaten
300 g Johannisbeeren, gefroren
300 g Sahne, gefroren
300 g Mascarpone, gekühlt
120 g Zucker

Zubereitung
Alle Zutaten in den Mixtopf geben. Auf Stufe 10 / 1 Minute zerkleinern. Mit dem Spatel nochmals alles nach unten schieben und weitere 30 Sekunden / Stufe 10. Das Eis kann sofort serviert werden.

Heidelbeere Quark Eis

Zutaten
300 g Heidelbeeren, gefroren
400 g Quark, gefroren
200 g Buttermilch, gekühlt
140 g Zucker

Zubereitung
Alle Zutaten in den Mixtopf geben. Auf Stufe 10 / 1 Minute zerkleinern. Mit dem Spatel nochmals alles nach unten schieben und weitere 30 Sekunden / Stufe 10. Das Eis kann sofort serviert werden.

Zitronen Pfefferminz Eis

Zutaten
Saft von 2 Zitronen
500 g Joghurt, gefroren
1 Eiweiß
180 g Zucker
200 g starker Pfefferminztee,
abgekühlt

Zubereitung
Alle Zutaten in den Mixtopf geben. Auf Stufe 10 / 1 Minute zerkleinern. Mit dem Spatel nochmals alles nach unten schieben und weitere 30 Sekunden / Stufe 10.
Das Eis kann sofort serviert werden.

Pistazien Eis

Zutaten
100 g Pistazien
500 g Milch, gefroren
200 g Sahne
120 g Zucker
50 g Amaretto

Zubereitung
Alle Zutaten in den Mixtopf geben. Auf Stufe 10 / 1 Minute zerkleinern. Mit dem Spatel nochmals alles nach unten schieben und weitere 30 Sekunden / Stufe 10. Das Eis kann sofort serviert werden.

Waldbeere Buttermilch Eis

Zutaten
300 g Waldbeeren
500 g Buttermilch, gefroren
180 g Zucker
200 g Buttermilch, gekühlt

Zubereitung
Alle Zutaten in den Mixtopf geben. Auf Stufe 10 / 1 Minute zerkleinern. Mit dem Spatel nochmals alles nach unten schieben und weitere 30 Sekunden / Stufe 10.
Das Eis kann sofort serviert werden.

Schoko Mint Eis

Zutaten
100 g After Eight Schokolade, gefroren
400 g Sahne, gefroren
100 g Zucker
200 g Milch

Zubereitung
Alle Zutaten in den Mixtopf geben. Auf Stufe 10 / 1 Minute zerkleinern. Mit dem Spatel nochmals alles nach unten schieben und weitere 30 Sekunden / Stufe 10. Das Eis kann sofort serviert werden.

Pistazien weiße Schokoladen Eis

Zutaten
100 g Pistazien
100 g weiße Schokolade
400 g Milch, gefroren
200 g Sahne
80 g Zucker

Zubereitung
Alle Zutaten in den Mixtopf geben. Auf Stufe 10 / 1 Minute zerkleinern. Mit dem Spatel nochmals alles nach unten schieben und weitere 30 Sekunden / Stufe 10.
Das Eis kann sofort serviert werden.

Veganes Mandel Eis

Zutaten
200 g Mandeln
500 g gefrorene Soja Milch
200 g Soja Sahne, gekühlt
120 g Zucker

Zubereitung
Alle Zutaten in den Mixtopf geben. Auf Stufe 10 / 1 Minute zerkleinern. Mit dem Spatel nochmals alles nach unten schieben und weitere 30 Sekunden / Stufe 10. Das Eis kann sofort serviert werden.

Stracciatella Eis

Zutaten
200 g Schokolade
500 g gefrorene Milch
300 g gefrorene Sahne
200 g Sahne, gekühlt
120 g Zucker
Mark einer Vanille Schote

Zubereitung
Alle Zutaten außer der Schokolade in den Mixtopf geben. Auf Stufe 10 / 1 Minute zerkleinern. Mit dem Spatel nochmals alles nach unten schieben und weitere 30 Sekunden / Stufe 10. Nun die Schokolade hinzugeben und 6 Sekunden / Stufe 5.
Das Eis kann sofort serviert werden.

Mango Sorbet

Zutaten
500 g Mango, gefroren
300 g Orangensaft
1 Eiweiß
120 g Zucker

Zubereitung
Alle Zutaten in den Mixtopf geben. Auf Stufe 10 / 1 Minute zerkleinern. Mit dem Spatel nochmals alles nach unten schieben und weitere 30 Sekunden / Stufe 10. Das Eis kann sofort serviert werden.

Vanille Sahne Traum

Zutaten
Mark einer Vanilleschote
500 g Sahne, gefroren
150 g Zucker
200 g Milch

Zubereitung

Alle Zutaten in den Mixtopf geben. Auf Stufe 10 / 1 Minute zerkleinern. Mit dem Spatel nochmals alles nach unten schieben und weitere 30 Sekunden / Stufe 10. Das Eis kann sofort serviert werden.

Himbeere Quark Verführung

Zutaten
500 g Quark, gefroren
300 g Himbeeren, gefroren
300 g Milch
120 g Zucker

Zutaten
500 g Mango, gefroren
300 g Orangensaft
1 Eiweiß
120 g Zucker

Zubereitung
Alle Zutaten in den Mixtopf geben. Auf Stufe 10 / 1 Minute zerkleinern. Mit dem Spatel nochmals alles nach unten schieben und weitere 30 Sekunden / Stufe 10. Das Eis kann sofort serviert werden.

Bananen Softeis

Zutaten
300 g Bananen, gefroren
160 g Zucker
3 Eiweiße

Zubereitung
Die Bananen in den Mixtopf geben und 30 Sekunden / Stufe 10. Den Schmetterling einsetzen und die übrigen Zutaten einwiegen. 4 Minuten auf Stufe 4. Guten Appetit!

Malaga Eis

Zutaten
400 g Sahne, gefroren
200 g Rumrosinen
2 EL Rum
160 g Zucker
150 g Milch

Zubereitung
Alle Zutaten außer Rumrosinen in den Mixtopf geben. Auf Stufe 10 / 1 Minute zerkleinern. Mit dem Spatel nochmals alles nach unten schieben und weitere 30 Sekunden / Stufe 10. Nun die Rumrosinen hinzugeben und 5 Sekunden / Stufe 5.
Das Eis kann sofort serviert werden.

Erdbeere Buttermilch Eis

Zutaten
300 g Erdbeeren, gefroren
400 g Buttermilch, gefroren
180 g Zucker
200 g Buttermilch
1 Pck. Vanillezucker

Zubereitung
Alle Zutaten in den Mixtopf geben. Auf Stufe 10 / 1 Minute zerkleinern. Mit dem Spatel nochmals alles nach unten schieben und weitere 30 Sekunden / Stufe 10.
Das Eis kann sofort serviert werden.

Brombeere Sahne Eis

Zutaten
500 g Brombeeren, gefroren
400 g Sahne, gefroren
200 g Milch
160 g Zucker

Zubereitung
Alle Zutaten in den Mixtopf geben. Auf Stufe 10 / 1 Minute zerkleinern. Mit dem Spatel nochmals alles nach unten schieben und weitere 30 Sekunden / Stufe 10.
Das Eis kann sofort serviert werden.

Zimt Haselnuss Eis

Zutaten
400 g Sahne, gefroren
1 TL Zimt
220 g Zucker
100 g Haselnüsse
300 g Milch

Zubereitung
Alle Zutaten in den Mixtopf geben. Auf Stufe 10 / 1 Minute zerkleinern. Mit dem Spatel nochmals alles nach unten schieben und weitere 30 Sekunden / Stufe 10. Das Eis kann sofort serviert werden.

Limonaden

Erdbeer Weintrauben Limonade

Zutaten
8 Stängel Zitronenmelisse
300 g Erdbeeren
200 g Weintrauben
50 g Rohrohrzucker
600 g Mineralwasser
1 Prise Anis
Saft einer Zitrone
10 Eiswürfel

Zubereitung
Das Obst sorgfältig waschen. In den Mixtopf füllen und auf Stufe 10 / 30 Sekunden fein zerkleinern. Die übrigen Zutaten in den Mixtopf geben und nochmals 1 Minute / Stufe 10. In ein hohes Gefäß umfüllen und kalt stellen.

Coole Beeren Limonade

Zutaten
300 g gefrorene Beerenmischung
100 g Heidelbeeren, ungefroren
50 g Rohrohrzucker
600 g Mineralwasser
Saft einer Zitrone
1 Prise Zimt

Zubereitung
Das Obst sorgfältig waschen. In den Mixtopf füllen und auf Stufe 10 / 30 Sekunden fein zerkleinern. Die übrigen Zutaten in den Mixtopf geben und nochmals 1 Minute / Stufe 10. In ein hohes Gefäß umfüllen und kalt stellen.

Kirsch Chili Limonade

Zutaten
300 g Kirschen
100 g Rohrohrzucker
600 g Mineralwasser
1 gute Prise Chili
Saft einer Zitrone
10 Eiswürfel

Zubereitung
Das Obst sorgfältig waschen. In den Mixtopf füllen und auf Stufe 10 / 30 Sekunden fein zerkleinern. Die übrigen Zutaten in den Mixtopf geben und nochmals 1 Minute / Stufe 10. In ein hohes Gefäß umfüllen und kalt stellen.

Zitronen Ingwer Limonade

Zutaten
8 Stängel Zitronenmelisse
Saft von 2 Zitronen
2 cm Ingwer
80 g Rohrohrzucker
600 g Mineralwasser
100 g Orangensaft
10 Eiswürfel

Zubereitung
Das Obst sorgfältig waschen. In den Mixtopf füllen und auf Stufe 10 / 30 Sekunden fein zerkleinern. Die übrigen Zutaten in den Mixtopf geben und nochmals 1 Minute / Stufe 10. In ein hohes Gefäß umfüllen und kalt stellen.

Himbeer Limonade

Zutaten
400 g Himbeeren
50 g Rohrohrzucker
600 g Mineralwasser
Saft einer Zitrone
10 Eiswürfel

Zubereitung
Das Obst sorgfältig waschen. In den Mixtopf füllen und auf Stufe 10 / 30 Sekunden fein zerkleinern. Die übrigen Zutaten in den Mixtopf geben und nochmals 1 Minute / Stufe 10. In ein hohes Gefäß umfüllen und kalt stellen.

Holunder Limonade

Zutaten
500 g Holunderbeeren
100 g Rohrohrzucker
800 g Mineralwasser
1 Prise Muskat
Saft einer Zitrone
10 Eiswürfel

Zubereitung
Das Obst sorgfältig waschen. In den Mixtopf füllen und auf Stufe 10 / 30 Sekunden fein zerkleinern. Die übrigen Zutaten in den Mixtopf geben und nochmals 1 Minute / Stufe 10. In ein hohes Gefäß umfüllen und kalt stellen.

Indianische Ingwer Limonade

Zutaten
3 cm Ingwer
1 TL Pfeffer, ganz, weiß
1 Prise Salz
200 g Zucker
600 g Mineralwasser
200 g Apfelsaft
Saft von 6 Limetten
1 Birne
½ Bund Basilikum
10 Eiswürfel

Zubereitung
Das Obst sorgfältig waschen. In den Mixtopf füllen und auf Stufe 10 / 30 Sekunden fein zerkleinern. Die übrigen Zutaten in den Mixtopf geben und nochmals 1 Minute / Stufe 10. In ein hohes Gefäß umfüllen und kalt stellen.

Apfel Bananen Limonade

Zutaten
3 Bananen, geschält
100 g Rohrohrzucker
400 g Apfelsaft
400 g Mineralwasser
1 Prise Zimt
Saft einer Zitrone
10 Eiswürfel

Zubereitung
Das Obst sorgfältig waschen. In den Mixtopf füllen und auf Stufe 10 / 30 Sekunden fein zerkleinern. Die übrigen Zutaten in den Mixtopf geben und nochmals 1 Minute / Stufe 10. In ein hohes Gefäß umfüllen und kalt stellen.

Erdbeer Pfeffer Limonade

Zutaten
300 g Erdbeeren
80 g Rohrohrzucker
600 g Mineralwasser
1 TL Pfefferkörner, schwarz
3 Pimentkörner
50 g Balsamico Essig
Saft einer Zitrone
10 Eiswürfel

Zubereitung
Das Obst sorgfältig waschen. In den Mixtopf füllen und auf Stufe 10 / 30 Sekunden fein zerkleinern. Die übrigen Zutaten in den Mixtopf geben und nochmals 1 Minute / Stufe 10. In ein hohes Gefäß umfüllen und kalt stellen.

Blaubeer Zimt Pfeffer Limonade

Zutaten
350 g Blaubeeren
½ TL Zimt
150 g Rohrohrzucker
600 g Mineralwasser
½ weißer Pfeffer, ganz
Saft einer Zitrone
10 Eiswürfel

Zubereitung
Das Obst sorgfältig waschen. In den Mixtopf füllen und auf Stufe 10 / 30 Sekunden fein zerkleinern. Die übrigen Zutaten in den Mixtopf geben und nochmals 1 Minute / Stufe 10. In ein hohes Gefäß umfüllen und kalt stellen.

Minze Limonade

Zutaten
8 Stängel Minze
Saft von 6 Zitronen
1 Banane
150 g Rohrohrzucker
600 g Mineralwasser
1 Prise Kardamom
10 Eiswürfel

Zubereitung
Das Obst sorgfältig waschen. In den Mixtopf füllen und auf Stufe 10 / 30 Sekunden fein zerkleinern. Die übrigen Zutaten in den Mixtopf geben und nochmals 1 Minute / Stufe 10. In ein hohes Gefäß umfüllen und kalt stellen.

Brombeere Limonade

Zutaten
400 g Brombeeren
150 g Rohrohrzucker
600 g Mineralwasser
1 Prise Anis
Saft einer Zitrone
10 Eiswürfel

Zubereitung
Das Obst sorgfältig waschen. In den Mixtopf füllen und auf Stufe 10 / 30 Sekunden fein zerkleinern. Die übrigen Zutaten in den Mixtopf geben und nochmals 1 Minute / Stufe 10. In ein hohes Gefäß umfüllen und kalt stellen.

Orange Kirsche Limonade

Zutaten
150 g Orangen, filetiert
350 g Kirschen, entsteint
150 g Rohrohrzucker
800 g Mineralwasser
Saft einer Zitrone
10 Eiswürfel

Zubereitung
Das Obst sorgfältig waschen. In den Mixtopf füllen und auf Stufe 10 / 30 Sekunden fein zerkleinern. Die übrigen Zutaten in den Mixtopf geben und nochmals 1 Minute / Stufe 10. In ein hohes Gefäß umfüllen und kalt stellen.

Blaubeere Limonade

Zutaten
500 g Blaubeeren
100 g Rohrohrzucker
800 g Mineralwasser
1 Prise Muskat
Saft einer Zitrone
10 Eiswürfel

Zubereitung
Das Obst sorgfältig waschen. In den Mixtopf füllen und auf Stufe 10 / 30 Sekunden fein zerkleinern. Die übrigen Zutaten in den Mixtopf geben und nochmals 1 Minute / Stufe 10. In ein hohes Gefäß umfüllen und kalt stellen.

Sommergetränke

Ananasbowle

Zutaten
1 Ananas
2 Bananen
Saft von 2 Zitronen
100 g Zucker
800 g kaltes Mineralwasser
½ TL Anis, gemahlen

Zubereitung
Die flüssigen Zutaten in den Mixtopf geben und auf Stufe 3 / 20 Sekunden sanft vermischen. In ein großes Gefäß umfüllen. Das Obst waschen und in Stücke schneiden. Zu der Flüssigkeit geben und umrühren. Kalt stellen und genießen.

Erdbeere Bananen Bowle

Zutaten
500 g Erdbeeren
2 Bananen
Saft von 2 Zitronen
130 g Zucker
800 g kaltes Mineralwasser

Zubereitung
Die flüssigen Zutaten in den Mixtopf geben und auf Stufe 3 / 20 Sekunden sanft vermischen. In ein großes Gefäß umfüllen. Das Obst waschen und in Stücke schneiden. Zu der Flüssigkeit geben und umrühren. Kalt stellen und genießen.

Karotten Orangen Drink

Zutaten
600 g Karottensaft
2 Bananen
600 g Orangensaft
10 Eiswürfel

Zubereitung
Das Obst sorgfältig waschen. In den Mixtopf füllen und auf Stufe 10 / 30 Sekunden fein zerkleinern. Die übrigen Zutaten in den Mixtopf geben und nochmals 1 Minute / Stufe 10. In ein hohes Gefäß umfüllen und kalt stellen.

Gurken Pfefferminz Drink

Zutaten
2 Gurken, geschält
6 Stängel Pfefferminz
100 g Zitronensaft
½ TL Salz
800 g Joghurt

Zubereitung
Das Gemüse sorgfältig waschen. In den Mixtopf füllen und auf Stufe 10 / 30 Sekunden fein zerkleinern. Die übrigen Zutaten in den Mixtopf geben und nochmals 1 Minute / Stufe 10. In ein hohes Gefäß umfüllen und kalt stellen.

Bananen Pfirsich Drink

Zutaten
300 g Pfirsiche, geschält
80 g Rohrohrzucker
2 Bananen, geschält
800 g Orangensaft
10 Eiswürfel

Zubereitung
Das Obst sorgfältig waschen. In den Mixtopf füllen und auf Stufe 10 / 30 Sekunden fein zerkleinern. Die übrigen Zutaten in den Mixtopf geben und nochmals 1 Minute / Stufe 10. In ein hohes Gefäß umfüllen und kalt stellen.

Melonen Limetten Drink

Zutaten
Fleisch einer halben kleinen Melone
Saft von 2 Limetten
800 g Bananensaft
10 Eiswürfel

Zubereitung
Das Obst sorgfältig waschen. In den Mixtopf füllen und auf Stufe 10 / 30 Sekunden fein zerkleinern. Die übrigen Zutaten in den Mixtopf geben und nochmals 1 Minute / Stufe 10. In ein hohes Gefäß umfüllen und kalt stellen.

Sorbets

Melonen Sorbet

Zutaten
500 g Melonenfleisch
100 g Wasser
130 g Zucker
20 Eiswürfel

Zubereitung
Alle Zutaten in den Mixtopf geben und auf Stufe 10 / 30 Sekunden mischen. Alles nach unten schieben und nochmals 10 Sekunden / Stufe 10.
Sofort servieren und genießen.

Erdbeer Himbeer Sorbet

Zutaten
250 g Erdbeeren
250 g Himbeeren
100 g Wasser
130 g Zucker
20 Eiswürfel

Zubereitung
Alle Zutaten in den Mixtopf geben und auf Stufe 10 / 30 Sekunden mischen. Alles nach unten schieben und nochmals 10 Sekunden / Stufe 10.
Sofort servieren und genießen.

Grapefruitsorbet

Zutaten
500 g Grapefruit, geschält und filetiert
100 g Orangensaft
130 g Zucker
20 Eiswürfel

Zubereitung
Alle Zutaten in den Mixtopf geben und auf Stufe 10 / 30 Sekunden mischen. Alles nach unten schieben und nochmals 10 Sekunden / Stufe 10.
Sofort servieren und genießen.

Rote Johannisbeere Sorbet

Zutaten
500 g rote Johannisbeeren
100 g Traubensaft
130 g Zucker
20 Eiswürfel

Zubereitung
Alle Zutaten in den Mixtopf geben und auf Stufe 10 / 30 Sekunden mischen. Alles nach unten schieben und nochmals 10 Sekunden / Stufe 10.
Sofort servieren und genießen.

Orangen Sorbet

Zutaten
500 g Orangen, filetiert
100 g Orangensaft
130 g Zucker
20 Eiswürfel

Zubereitung
Alle Zutaten in den Mixtopf geben und auf Stufe 10 / 30 Sekunden mischen. Alles nach unten schieben und nochmals 10 Sekunden / Stufe 10.
Sofort servieren und genießen.

Nachtrag zum Impressum / Copyright

Shutterstock.com
- Syda Productions
- Graphia
- Fries Larsen
- Yuko Studio
- Zidar
- Tatiana
- Viktory
- Ddesign
- Letterberry
- Elena Shashkina
- Padara
- Kell
- Goncharov
- MS Photographic
- Nastya
- Glazova
- Stockcreations
- Saschanti17

Herstellung und Verlag:
BoD - Books on Demand, Norderstedt
ISBN 978-3-7386-2720-6